唤醒6~12岁孩子的聪明脑

根据"ICME国际数学教育理念"编写，给孩子一个更

越玩越聪明的

188个数学思维游戏

刘荔 ◎ 编著

中华工商联合出版社

图书在版编目（CIP）数据

越玩越聪明的188个数学思维游戏 / 刘荔编著. ——
北京：中华工商联合出版社，2019.10
ISBN 978-7-5158-2572-4

Ⅰ.①越… Ⅱ.①刘… Ⅲ.①智力游戏 Ⅳ.
①G898.2

中国版本图书馆CIP数据核字（2019）第196062号

越玩越聪明的188个数学思维游戏

作　　者：刘　荔
选题策划：关山美
责任编辑：关山美
封面设计：北京聚佰艺文化传播有限公司
责任审读：于建廷
责任印制：迈致红
出版发行：中华工商联合出版社有限责任公司
印　　制：北京毅峰迅捷印刷有限公司
版　　次：2020年1月第1版
印　　次：2020年1月第1次印刷
开　　本：880mm×1230mm　1/32
字　　数：160千字
印　　张：6.375
书　　号：ISBN 978-7-5158-2572-4
定　　价：30.00元

服务热线：010—58301130
销售热线：010—58301130
地址邮编：北京市西城区西环广场 A 座
　　　　　　19—20 层，100044
http：//www.chgslcbs.cn
E-mail：cicap1202@sina.com（营销中心）
E-mail：gslzbs@sina.com（总编室）

目录 CONTENTS >>>

第1关 找出不同的数

圈出每组中与众不同的那一个数。

1	3	5	6	9
2	5	15	35	55
12	23	48	62	86
20	35	40	60	80

第2关 空缺的数

根据下列数字的排列规律，写出问号所代表的数。

1 3 6 10 15 ? 28 36

第3关 方框内填数

下面的方框要求每一行每一列若有三个数，则相加后得数都相同。如图所示，你试着在下边的方框里填一填吧！

	1	8	18
3	14	10	
	12	9	6

14	4	12	
	7		13
3		8	

第4关 分割圆

如下图，最后一个被分割的圆里的问号代表什么数？

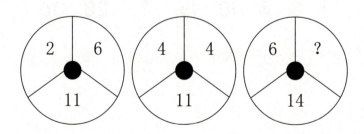

第5关 方格填数

请将三个 2，三个 3 以及三个 4，分别填在下图的九个正方形中，使每一行、每一列的各数和相等。

第6关 符号代数

请你用数字代替图中的符号，使得等式成立。

第 **7** 关 完成谜题

按照规律，哪个数字填在问号处能完成谜题？这可与罗马数字有关哦！（XXIV 代表 24，XVI 代表 16，IX 代表 9）

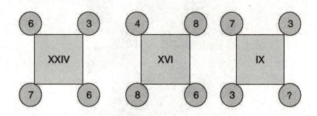

第 **8** 关 数字格子

运用第一个格子的逻辑规律，把第二个格子填充完整。

10	18	3
7		9
2	4	11

	4	
11		18
	3	

数学思维游戏

第**9**关 运动中的数字

第一个格子里的数字顺时针旋转后，数字的位置如第二个格子所示。那些缺少的数字应该在什么位置？

22	15	34
12	■	14
23	21	19

14		12
	■	
19		23

数学思维游戏

第**10**关 数字和字母的关系

找出数字和字母间的关系，完成谜题。

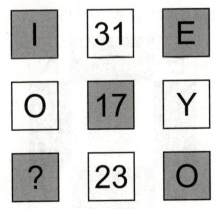

第**11**关 "数字·字母"转盘

如图所示字母和数字之间存在着某种联系，你能用一个字母来代替图中的问号吗？

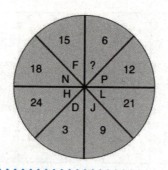

第**12**关 "数字·字母"正方形

正方形中的字母和数字是按照一定的规律排列的，你能推算出问号代表的是哪个数字吗？

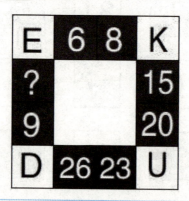

第 **13** 关 填什么数字

填什么数字能完成这个序列？

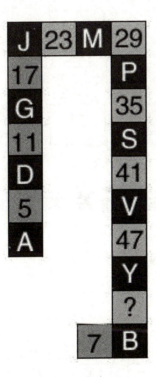

第**14**关 填什么字母

填什么字母或数字能完成这个序列？

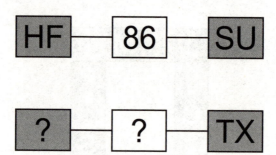

第**15**关 缺失的字母

你能推算出问号处缺失的字母吗？

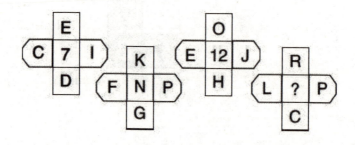

第16关 藏宝箱

如果你能准确推算出两个"？"的数值，就能顺利打开这个藏宝箱。

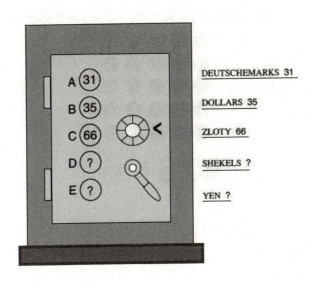

第**17**关 排棋子

这是一个用 25 颗棋子摆出的横竖都是五颗棋子的棋子阵，现在再给你五颗棋子，要求把这个方阵摆成横行、竖行、对角线上都是六颗棋子的棋子阵。

一共 30 颗棋子，允许重叠，你知道要怎么摆吗？

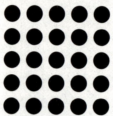

第**18**关 箭靶

丹和妮分别往箭靶上射了三箭，得到了相同的分数。如果他们的分数相加为 96 分，那么，你知道他们都射了多少环吗？

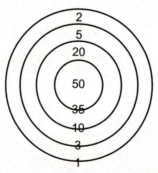

第 **19** 关 数字模式

找出下列数字间的规律，求空缺的那个数。

〔 −3 〕 〔 −7 〕 〔 −5 〕

〔 4 〕 〔 −3 〕 〔 ? 〕

〔 −12 〕 〔 21 〕 〔 −35 〕

〔 −8 〕 〔 18 〕 〔 −28 〕

第 **20** 关 丢失的数字

如图所示，在这个图形中，有四个数字丢失了。你能根据规律把这四个数字填上吗？

1　2　4

6　?

4　8

? 　?

6

?

8

第21关 袋子里的棋子

汤姆对杰瑞说："我能将100枚棋子装在15个袋子里，每个袋子里的棋子数都不相同。"请问，他能做到吗？

第22关 填数游戏

如表所示，表格中的A、B、C、D、E、F六个字母分别代表不同的数字，并且每个竖栏的字母相加总和为10。那么，问号处应该填入什么字母？这六个字母分别代表什么数字？

D	E	B	A
A	C	C	F
B	A	B	B
C	A	C	?

第23关 数字卡片

有四张数字卡片，分别写着 2、3、6、9。从中任意抽取两张拼成一个两位数。

请问，拼成的所有两位数的平均值是多少？

第24关 猜年龄

四个人 A、B、C、D 四人围桌而坐，他们的年龄两两相加的和分别是 45、56、60、71、82，其中，有两个人的年龄没有加过。

你能算出他们的年龄分别是多少吗？

第 25 关 分笔

有红、蓝、黑三支笔，甲、乙、丙每人一支。但他们都想要红色的。他们商量出一个办法：每人一次掷两个骰子，如果两个骰子上的点数和是 2、3、4 或 5，就分得蓝色的；如果点数和是 6 或 7，就分得红色的；如果点数和是其他数，就分得黑色的。

你觉得这么分合理吗？

第 26 关 奇妙圆阵

如图所示有六个圆，圆上有九个交点。把 1 ~ 9 这九个数字分别填入交点处的小圆里，使每个大圆、小圆周上的四个数字之和等于 20。

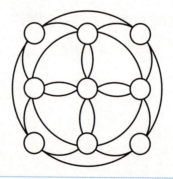

第27关 排数字

排列 1 ~ 18 这 18 个数字，使得任意对称的一对数字之和都等于 19，其中三对的数字已经排好，请试着排出其他数字。

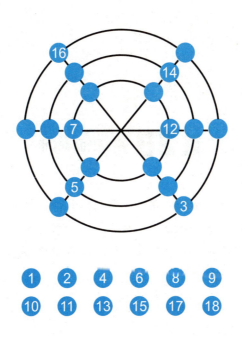

第28关 物品数量

有 100 位女士，其中 82 人背黑色的手提包，65 人穿蓝色的鞋子，68 人带着伞，93 人戴着戒指。

请问，至少有多少位女士同时拥有以上四件物品？

第29关 见面时间

甲、乙、丙三人定期去培训班上课，甲隔三天去一次，乙隔四天去一次，丙隔六天去一次。他们三人在 3 月 1 日这天正好都到培训班上课，那么下次他们会在哪天在培训班见面？

第30关 圆形下方的数

数学思维游戏

最后一个圆形的下方应该是几？

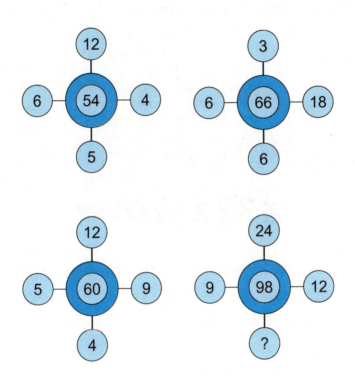

第 31 关　怎么加都是 33

用 5 ～ 13 这九个数，填入如图所示的方格中，使每个圆上的四个数相加都得 33。

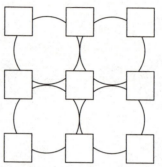

第 32 关　数学天才的难题

如图所示是数学天才杜登尼提出的一个非常难解的七边形谜题。请在其中填入 1 ～ 14 这 14 个数字，使得每边的三个数之和都等于 26。

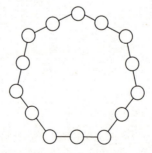

第 **33** 关 补充数字

按照规律，填出问号处的数字。

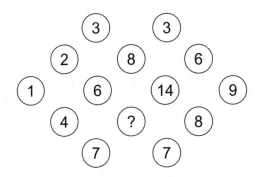

第 **34** 关 填入数字

如图所示中的数字是按照一定的规律组合的，请你在问号处填入数字。

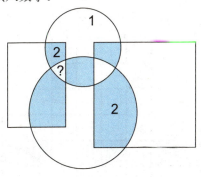

第35关 问号处的数字

想一想，问号处填入什么数字？

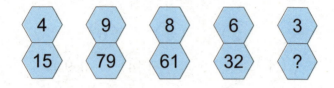

第36关 巧妙填数

请将 3 ～ 29 这 27 个数字填进方格中，使 1 ～ 30 每相邻两个数所在的方格之间始终保持等距，即两个方格中心点间的距离相等，该怎么填呢？

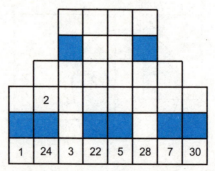

第**37**关 分开

画一个方形，将如图所示中的棋子彼此分开。

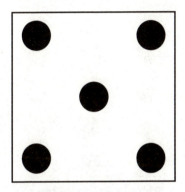

第**38**关 移动棋子

现在有人想把如图所示的这 16 颗棋子分成白的一排，黑的一排，而不是黑白相间。请问，在不增减棋子数目的情况下，他至少要移动几颗棋子？

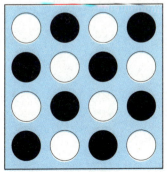

第39关 图形上的数字

请你观察图形上的数字顺序，在没有数字的图形上写上正确的数字。

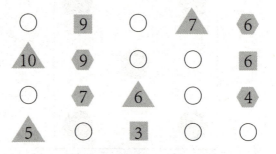

第40关 兔子和鸡

兔子和鸡共有八只，一共 22 只脚。

请问，兔子和鸡各有几只？

第41关 挂钟

一个大挂钟挂在学校的大楼上。在一个大雨天，钟被飞来的树枝撞成四块。老师在检查钟表时发现了一件有趣的事，每块碎片上的数字相加之和是 19 或者 20。那么，你知道钟表是如何断裂的吗？

第42关 数字游戏

请在下图的"□"里填上适当的数字，使每条线上的三个数相加后都等于 7。在"○"里填上适当的数字，使每条线上的三个数相加后都等于 9。

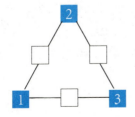
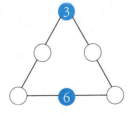

第 43 关 填数

找出下图中数字的规律，在问号处填入正确的数字。

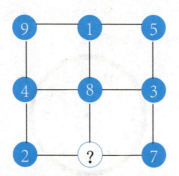

第 44 关 第四个正方形

根据前面三个图形中数字出现的规律，推断第四个图形中间的问号处应该是什么数字。

5 4	4 6	12 24	14 7
40	36	96	?
10 8	6 9	4 8	6 3

第**45**关 数字填空

找到下图中数字间的规律，在问号处填上正确的数字。

2	5	7	17
3	9	6	33
5	4	9	29
7	4	2	?

第**46**关 正确的数字

图中问号处应该填上什么数字？

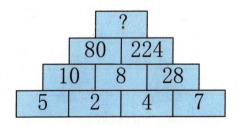

第 **47** 关 问号代表的数

仔细观察图 1，分析图 2 中问号所代表的数。

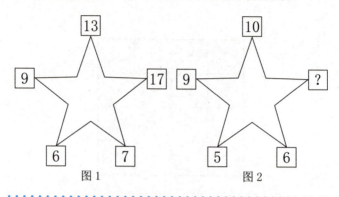

图 1   图 2

第 **48** 关 填数字

请你仔细观察前三幅图，然后想一想，第四幅图的问号处应该填什么数字？

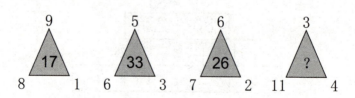

第49关 巧填等式

在空格内填上合适的数字，使所有等式成立。

	+		=	12
−		−		+
	+	3	=	
=		=		=
4	×		=	16

第50关 填一填

根据图例，在空白的方格里填上正确的数字。

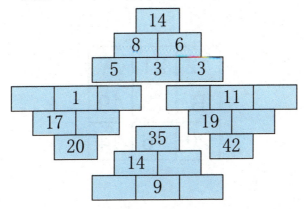

数学思维游戏

第 51 关 在三角形中填入数字

请你先看看图中数字之间的关系，再填出三角形中的数。

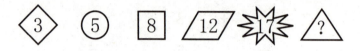

数学思维游戏

第 52 关 表格的奥秘

表格中的数字有一定的摆放规律。请你找出规律，并求出 A 和 B 的值。

12	21	A
B	13	19
20	16	14

第53关 补充数字

仔细观察下图，请补充问号处应填的数字。

2	5	7
4	7	5
3	6	?

第54关 计算数字

请写出问号所代表的数字。

0	2	3	2	4
5	0	3	7	8
2	4	3	9	9
2	2	2	1	?

数学思维游戏 **第 55 关** 填入数字

你能找出下图中数字的排列规律，并且指明问号部分应当填入的数字吗？

5	3	8	9
12	15	49	72
3	9	4	12
18	27	36	?

数学思维游戏 **第 56 关** 填空

请在 1~9 中找出问号处应填入的数字。

4	×	3	+	9
=				÷
5				3
-				+
?	×	7	÷	14

第57关 巧填数字

下面这个数列的最后一个数字是什么？

1 3 2 6 4 12 8 24 ?

第58关 排列规律

请你找出下面两行数字的排列规律，并根据规律找出"？"所代表的数字。

A 1 5 10 50 100 ？ ？

B 3 8 23 68 ？

第59关 巧填数字

下面这个数列的最后一个数字是什么？请在 0~9 中寻找。

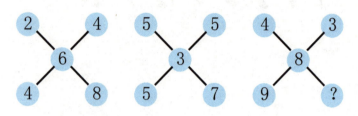

第60关 补充完整

格子中的数字是按照一定的规律排列的。试着找出其中的规律，将空白部分正确地补充完整。

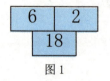 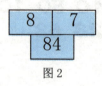 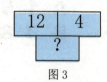

图1   图2   图3

第61关 在正方形角上填数字

根据规律找出最后一个正方形的问号部分应当填入的数字。

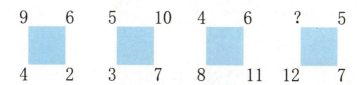

第62关 填入图形

你能找出图形的排列规律，并指出问号部分应当填入的图形吗？

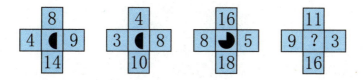

第 **63** 关 填数字

请根据规律找出问号部分应当填入的数字。

```
15   19      5    7
11   ?    2    6
16   4    3   14
11   9     3   10
```

第 **64** 关 问号是几

你能根据规律写出问号部分代表的数字吗？

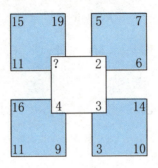

第65关 问号代表的数字

格子中的每一种标志都代表了一个数字，格子上边和右边的数字则代表了该列和该行的数字和，你能算出问号所代表的数字吗？

	24	64	24	21	
	★	★	★	√	33
	√	○	√	✕	?
	✕	○	✕	✕	33
	√	√	√	★	27

第66关 找规律填数字

你能找出下图数字的排列规律，并推断出问号部分应当填入的数字吗？

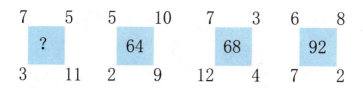

第67关 数字游戏

在每一行、每一列以及两条对角线上,都包含了1、2、3、4几个数字,且横竖不可出现相同的数字。在这个数字方块里,已经标示了部分数字。你能根据这一规律把其余方块填写完整吗?

第68关 考考你

请在问号处填入适当的数字。

第69关 找数字

你能将下面数字中的一个特殊数字找出来吗？

第70关 恰当的数

根据规律，你知道图中问号处应该填上什么数字吗？请选择正确的序号。

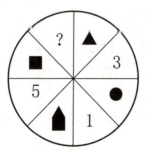

A.5　　B.2　　C.4　　D.9　　E.1　　F.7

第**71**关 加数学符号

在 0 和 1 之间加上一个数学符号，使得这个数比 0 大，比 1 小。怎么加？

第**72**关 问号处填数字

请根据规律写出问号处应当填入的两位数。

1536	48	96	3
384	192	24	12
768	96	48	6
192	?	12	24

第73关 推算

在问号处填上什么数字可以完成这道难题？

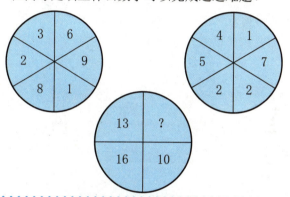

第74关 错误变正确

62-63=1

这是个错误的等式，如何移动一个数学符号使等式成立？

第 **75** 关 放大镜

用一个可以放大 2 倍的放大镜去看一个 30°的角，看到的角是多少度？

要是用可以放大 10 倍的放大镜看这个角呢？

第 **76** 关 问号处的数字

根据下列数字体现出来的规律，分析问号处应填入什么数字。

12, 2, 2, 3

14, 2, 7, 1

18, 3, 2, 3

40, 10, ? , 4

第77关 划分数字

将下图分成形状、面积都相同的四份，使每份上面各数之和相等。

8	3	6	5
3	1	2	1
4	5	4	2
1	7	3	9

第78关 填入数字

如下图所示，请问，表格中的问号处应填入什么数字？

A	B	C	D	E
6	2	0	4	6
7	2	1	6	8
5	4	2	3	7
8	2	?	7	?

第 **79** 关 镜子里的数字

如图所示，在各个数字的下面放一面镜子，镜子里的数字会是什么样子的呢？请找出正确答案，并圈出来。

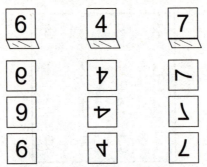

第 **80** 关 巧填数字

下图中每行数字的规律相同，那么哪个数字能代替问号完成谜题？

4	1	11	11	3
3	3	1	6	5
9	2	9	4	2
6	4	8	9	3
5	1	?	4	1

第81关 怎样倒水

有一个盛有1000毫升的水的水壶和两个空杯子。其中，一个杯子能盛500毫升水，另一个能盛300毫升水。

请问，应该怎样倒水，才能使每个杯子都恰好有100毫升水？

（注：不能使用别的容器，也不能在杯子上做记号。）

第82关 倒霉的兔子

老虎逮到了10只兔子，它只想让其中的一只做它的晚餐。于是它让这10只兔子站成一排，并编上号，然后从头起，让它们"1、2，1、2"地报数，凡是报出"1"的都可以离开，剩下的再重新按照"1、2，1、2"报数，以此类推，最后剩下的那只兔子就是它的晚餐。

那么，最后倒霉的兔子是几号呢？

第83关 一样的年份

20 世纪哪一年的年份写在纸上，再把纸倒过来时看到的仍然是同年份？

第84关 未知的数字

一天，老师在黑板上写出了三个等式：

$$A+A=A\times A$$
$$B\times B=B\div B$$
$$C+C=C-C$$

让同学们猜猜 A、B、C 各是多少。

聪明的你能猜出来吗？

第 85 关 赛马

有甲、乙、丙、丁四匹马赛跑，它们共进行了四次比赛。结果是甲快乙三次，乙又快丙三次，丙又快丁三次。很多人会以为，丁跑得最慢，但事实上，丁却快甲三次。这看似矛盾的结果可能出现吗？

第 86 关 锯木头

叔叔要把一根 90 厘米长的木头做成每段长 15 厘米的短木头。

你知道他一共需要锯几次吗？

第 87 关 池塘里的睡莲

池塘里睡莲的面积每天增加一倍，如果 15 天可以长满整个池塘水面。需要多少天，这些睡莲能够长满半个池塘？

第 88 关 小男孩几岁了

小男孩年龄的末尾添上一个 0 就是他爷爷的年龄，他和爷爷的年龄加在一起是 77 岁。

你知道小男孩几岁吗？

第**89**关 巧算数字牌

　　桌子上放了九张数字牌，数字分别是 1~9。有甲、乙、丙、丁四个人分别取牌，各取了两张。

　　现在只知道甲取的两张牌之和是 10，乙取的两张牌之差是 1，丙取的两张牌之积是 24，丁取的两张牌之商是 3。

　　那么，你知道他们四个人各取了哪两张牌，剩下的一张又是什么牌吗？

第**90**关 斐波纳奇数列

　　图中所示的序列是著名的斐波纳奇数的开头部分。13 世纪，意大利数学家列昂纳多·斐波纳奇发现了斐波纳奇数列。大自然中到处都存在这个数列。雏菊、向日葵以及鹦鹉螺的生长模式都遵循着由该数列描绘的螺线规律。观察下边的这个数列，你能填入下一数字吗？

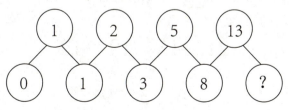

第 **91** 关　美丽的郁金香和兰花

　　郁金香和兰花是两种很美丽的花。芳芳在花园里一共种了 30 朵郁金香和兰花，无论你摘下哪两朵花，都至少有一朵是郁金香。

　　请问，你能判断出她种了多少朵兰花吗？

第 **92** 关　套圈

　　用线圈套数字，如果套中的数字和正好是 50，就可以得大奖，随便你套多少次。

　　请问，应该怎么套？

25　　30　　27

21　　15　　19　　12

6　　3　　9

第 93 关 分果汁

有七杯满杯的果汁、七杯半杯的果汁和七个空杯，将果汁平均分给三个人，想一想该怎么分？

第 94 关 比赛的人数

某班参加竞赛的共有九人，其中参加语文竞赛的有六人，参加数学竞赛的有五人。

那么，有几个人既参加语文竞赛又参加数学竞赛？

第 95 关 判断号码

每个盒子都装有一定重量的物品，重量数值如图所示。你能推断出最后一个盒子的号码吗？

No.4 No.7 No.3 No.8 ?

□ □ □ □ □

15 千克 18 千克 14 千克 19 千克 24 千克

第 96 关 谁在挨饿

动物园里有两只熊，公熊每顿要吃 30 斤肉，母熊每顿要吃 20 斤肉，幼熊每顿要吃 10 斤肉。但饲养员只买回来 20 斤肉，这就意味着会有熊挨饿，对吗？

第 **97** 关 钟表报时

　　在钟表整点报时的时候，有时时针和分针在一条直线上，有时两针重合，有时两针成直角。

　　那么，这些时候分别是什么时间？

第 **98** 关 输了几场

　　有五个队伍参加了某联赛，两两之间进行循环赛两场，没有平局。

　　试问，总共会输多少场？

数学思维游戏 **第99关** 羊有几只

小明对小天说："你给我一只羊，那样的话，我的羊就是你的两倍。"

小天说："最好是你给我一只羊，那样的话，我的羊和你的羊就一样多了。"

请问，他们各有多少只羊？

数学思维游戏 **第100关** 奇特的生日

小明今年已经过了十个生日，而他的爸爸却只过了九个生日。

为什么小明爸爸过的生日次数还没有小明的多呢？

第**101**关 巧推数字

充分发挥你的想象力，推算出下一行的数字是什么？

1
1 1
2 1
1 2 1 1
1 1 1 2 2 1
3 1 2 2 1 1
1 3 1 1 2 2 2 1
1 1 1 3 2 1 3 2 1 1

第**102**关 汽车

平平乘汽车经过一个地方，看到路标上的数字是15951，他觉得很有趣，因为这个数字的第一个数和第五个数相同，第二个数和第四个数相同。

汽车行驶了两个小时，平平又看到路标上的数字，仍然是第一个数和第五个数相同，第二个数和第四个数相同。

已知汽车时速不超过100千米/小时，那么你知道汽车两个小时行驶了多少千米吗？另一个路标的数字是多少？

第103关 令人迷惑的生卒年

有一位著名的作家出生在 19 世纪，同样他也死于 19 世纪。他诞生的年份和逝去的年份都是由四个相同的数字组成的，但排列的顺序不同。四个数字之和是 14。他逝世那一年的数字，十位数是个位数的四倍。

请问，该作家生于何年，死于何年？

第104关 分酒

有两个酒鬼，一起买了一瓶 8 斤的酒。他们想把它平分，但只有可以装 5 斤和 3 斤酒的空瓶。两个人倒来倒去，总是分不匀。这时一个小孩过来，用一种方法，很快就平均分了酒。

你知道他是怎么分的吗？

第105关 存款

老杨在银行里有一笔存款，有甲、乙、丙、丁四个人猜测老杨存款的数额。

甲说："老杨有500元存款。"

乙说："老杨至少有1000元存款。"

丙说："老杨的存款不到100元。"

丁说："老杨的存折上至少有100元。"

如果其中只有一个人猜对了，那么你能由此推出老杨有多少存款吗？

第106关 平切表盘

下面这个图形是一个表盘。现在要求你把这个表盘切成六份，并且使每份上的数字加起来都相等，你能做到吗？

第107关 保险箱

每只小动物都有一个保险箱，你知道它们的密码吗？请根据下面的算式推算一下，并与右侧正确的密码连起来。

$$★ + ★ = 10 \qquad ★ + ● = 11$$
$$■ + ○ = 10 \qquad ○ + ★ = 12$$
$$◎ + ■ = 11$$

🐱 ○●■★★   76355

🐶 ◎○★◎●   87657

🐥 ○★■★●   87586

🐰 ◎○●★○   75356

数学思维游

第108关 算术趣题

请你在下面的算式中加上"+、−、×、÷、（）"，使等式成立。

"1 2 3 4 5"=1

"1 2 3 4 5"=2

"1 2 3 4 5"=3

"1 2 3 4 5"=4

"1 2 3 4 5"=5

"1 2 3 4 5"=6

"1 2 3 4 5"=7

"1 2 3 4 5"=8

"1 2 3 4 5"=9

"1 2 3 4 5"=10

第109关 两位画家

　　杰克和马利都是画家，杰克擅长调色但画得慢，马利画得快但调色慢。有人请杰克和马利画 10 幅画，每人各画五幅。杰克用 20 分钟就能调好色，而画画要用 1 小时；马利调色用 40 分钟，画画用半小时。

　　完成时，他们应该按什么比例取得发酬劳呢？

第110关 等式

　　请根据等式写出每个图形所代表的数字。

$$● + ★ =16$$

$$19- ◆ =13$$

$$◆ + ● =10$$

$$★ = \qquad ● = \qquad ◆ =$$

第**111**关 图形下方的数

根据四周数字与中间数字的关系，算出最后一个圆形下方的数。

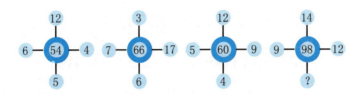

第**112**关 安徒生童话

慧慧在看《安徒生童话全集》，翻到今天要看的那一页时，发现左右两页的页码之和为193。

请问，兰兰打开的是书的哪两页？

第113关 3和100

仔细思考，在"□"里填入"+""-""×"或"÷"，使下面三个等式均成立。

（1）33 □ 3 □ 33 □ 33=100

（2）33 □ 33 □ 33 □ 3 □ 3=100

（3）33 □ 3 □ 333 □ 333=100

第114关 古怪的等式

如果知道 $12×8+2=98$，$123×8+3=987$，你能在下面的括号中填入合适的数字使得等式成立吗？

（　）×8+（　）=9876

（　）×8+（　）=98765

（　）×8+（　）=987654

（　）×8+（　）=9876543

（　）×8+（　）=98765432

（　）×8+（　）=987654321

第**115**关 喂母鸡

37 千克米喂 37 只母鸡吃了 37 天，而 73 只母鸡 73 天生了 73 千克蛋。

请问，在同样的条件下，要得到 1 千克鸡蛋，需要喂大约多少千克米？

第**116**关 四个 4 等于多少

下面六组算数题，左边都是四个"4"，请你在左边填上运算符号或者括号，使算式成立。

$$4 \quad 4 \quad 4 \quad 4 = 5$$
$$4 \quad 4 \quad 4 \quad 4 = 20$$
$$4 \quad 4 \quad 4 \quad 4 = 24$$
$$4 \quad 4 \quad 4 \quad 4 = 28$$
$$4 \quad 4 \quad 4 \quad 4 = 48$$
$$4 \quad 4 \quad 4 \quad 4 = 68$$

第117关 买狗

几个人合买一条狗，若每人出 5 元，还差 90 元；若每人出 50 元，刚好够了。

你知道是多少人合买吗？狗的价钱又是多少呢？

第118关 乌龟的年龄

用乌龟五年后的岁数的五倍，减去五年前岁数的五倍，刚好等于它现在的岁数。

这只乌龟今年究竟多大呢？

第119关 跳远比赛

小狮子与小老虎比赛跳远，各跳 100 米后再回到出发点。小狮子跳一次为 3 米，小老虎跳一次为 2 米。小狮子每跳 2 次，小老虎就跳 3 次。

请问，谁先回到出发点？

第120关 数学方法

你能借助"+""-""×""÷""（）"，用六个"9"得到"100"吗？

$$9 \quad 9 \quad 9 \quad 9 \quad 9 \quad 9 = 100$$

第**121**关 奇特竖式

在下图的这些圆里填入相同的数字，使等式成立。

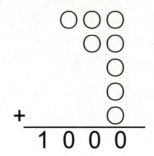

第**122**关 算一算

请你从1、2、3、4、5、6、7、8、9、10中选出九个数填在"○"里，组成三道算式，你来试一试。每个数只能用一次呦！

○ + ○ = ○

○ + ○ = ○

○ + ○ = ○

第 **123** 关 慢车走了多少千米

甲、乙两地相距 100 千米，上午 9 点，快、慢两车分别从甲、乙两地出发，相向而行。快车到达乙地后立即返回，慢车到达甲地后立即返回。中午 12 点两车第二次相遇，这时快车比慢车多走 36 千米。

那么，慢车一共走了多少千米？

第 **124** 关 图形代表的数字

根据算式，写出每个图形代表的数字。

$$☀ + ☽ = 40$$
$$40 - ☀ = 19$$
$$☀ + ☆ = 35$$

$$☀ = \qquad ☆ = \qquad ☽ =$$

第125关 填等式

将 1~9 这九个数字，不重复，填入下列算式中的方框内，使等式能成立。

$$\square\square \div \square = \square\square \div \square = \square\square \div \square$$

第126关 菱形中的计算

从图中所示菱形上顶端的数字开始，顺时针方向经过六道加、减、乘、除运算，最后得数为9。

请在数字间填上相应的加、减、乘、除符号。

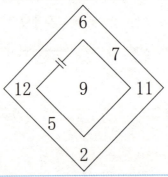

第 **127** 关 巧分苹果

要把 100 个苹果分别装在六个大小不一的袋子里，每个袋子里所装的苹果数都是含有数字 6 的数。

请你想一想：在每个袋子里各放多少个苹果？

第 **128** 关 分苹果

幼儿园买来一筐苹果，准备发给小朋友们。

如果分给大班的小朋友每人五个苹果，那么还缺六个。如果分给小班的小朋友每人四个苹果，那么还余四个。

已知大班比小班少两位小朋友，请问，这一筐苹果共有多少个呢？

第129关 凑整数

你能快速计算出这道题的答案吗？

$$482 + 63 + 18 + 37 = （　　）$$

A.400　　B.406　　C.508　　D.600

第130关 A 是多少

从以下算式中，你能判断出 A 是什么数字吗？（A 不为 0）

$$A×A÷A=A$$

$$A×A+A=A×6$$

$$（A+A）×A=10×A$$

第 **131** 关 快速求和

78+59.50+121.61+12.43+66.50=（　　）

A.434.73　　B.343.83　　C.344.73　　D.338.04

第 **132** 关 截木棍

有一根 31 厘米长的木棍，把它截成几段，然后用这几段可以接 1 厘米到 31 厘米任意长度的木棍，那么，最少要截成几段呢？

第**133**关 猴子搬香蕉

有只猴子在树林里采了100根香蕉堆成一堆。猴子家离香蕉堆50米，猴子打算把香蕉背回家，每次最多能背50根。可是猴子嘴馋，背香蕉时每走一米就要吃一根香蕉。

请问，猴子最多能背回家多少根香蕉？

第**134**关 买鸡卖鸡

一个人花8元钱从市场买了只鸡，买了之后想想不合算，9元钱卖了。卖掉之后突然又后悔，于是又花10元买了回来。回家一看家里有鸡，于是11元又卖掉了。

请问，这个人赚了多少钱？

第135关 吹灭的蜡烛

小伟自从他出生以来，每年生日的时候都会有一个生日蛋糕，上面插着等于他年龄数的蜡烛。

迄今为止，他已经吹灭了 231 支蜡烛。你知道小伟现在多少岁了吗？

第136关 三只家禽

爸爸买来一只鸡、一只鹅、一只鸭，共重 12 千克，小明问爸爸一只鸭有多重。

爸爸说："一只鸡和一只鸭共重 7 千克，一只鹅和一只鸭共重 9 千克，你能算出一只鸭是多少千克吗？"

第 137 关 生日是几号

琳达的生日是在 1 月的第一个星期四。

现在知道 1 月份所有星期四的日期之和为 80。请问，她的生日在几号？答案是不是只有一个呢？

第 138 关 发财

从前有两个相邻的 A 国和 B 国，关系很好，货币可以通用。后来两国产生了矛盾。

A 国国王下令：B 国的 100 元只能购买 A 国 80 元的货物。

B 国的国王也下令：A 国的 100 元只能购买 B 国 80 元的货物。

结果，有个聪明的人利用这个机会发了一笔大财。他是怎样做的？

第**139**关 火车的速度

　　迈克登上火车最后一节车厢，结果发现没有空座位，于是，他开始以恒定的速度在火车里向前走找座位，这时火车正巧经过 A 站。他向前走了 5 分钟到达前一节车厢，发现仍无空座位，他又以同样的速度往回走到最后一节车厢的上车处。这时，他发现火车刚好经过 B 站。

　　如果 A、B 两站相距 5 千米，火车的速度是每小时多少公里？

第**140**关 年龄

　　一个将军有三个女儿，三个女儿的年龄加起来等于 13；三个女儿的年龄乘起来等于将军自己的年龄。

　　有一个下属知道将军的年龄是 36 岁，但仍不能确定将军三个女儿的年龄。这时，将军说只有一个女儿已经上学。然后这个下属就知道了将军三个女儿的年龄。

　　请问，三个女儿的年龄分别是多少？为什么？

第**141**关 怎样排队

上课了，数学老师走进教室，告诉大家今天的数学课在室外上，大家到室外集合。

老师说："大家分成几组，每组 10 个人。"同学们迅速地进行了分组，按照老师的要求每组 10 人。

老师又说："现在你们来自己排列，要 10 个人站成 5 排，并且要每排 4 个人。你们想想要怎么站呢？"这下可难坏了大家。

10 个人站成 5 排，按照除法运算，每排只能站 2 个人，老师怎么要求站 4 个人呢？

第**142**关 填数游戏

在图中填入数字，使之在横竖方向的计算表达式都是正确的。

	×		=	8
+		+		÷
	-		=	
=		=		=
9	-		=	

第143关 魔术方阵

图中的九个数字各不相同，纵、横、斜向相加的和均为15。现在要做一个和数为16的方阵，要求方阵中的九个数字也要完全不相同。

8	3	4
1	5	9
6	7	2

第144关 移动的数字

第一个盒子里的数字顺时针移动后，所处的位置如第二个盒子所示。那些缺少的数字应该在什么位置？

4	5	8
1		6
13	2	9

	1	
5		8
	4	

数学思维游戏

第145关 方格填数

给出几个数字：三个 2，三个 3 以及三个 4。把它们分别填在下图的九个正方形中，使每一行、每一列的各数和相等。

数学思维游戏

第146关 数字骨牌

将下面的数字骨牌拼成一个正方形，使得正方形中相对应的横向和竖向数字排列完全相同。

最后拼成的正方形是什么样的呢？

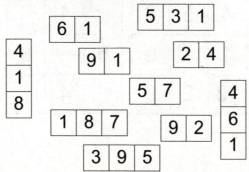

第**147**关 数字星

图中问号处应填入什么数字？

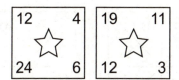

第**148**关 填充方格

每个空白方格中都包含 1 到 9 中不同的一个数字。每个算式是按照从上到下、从左到右的顺序计算的，而不是按照先乘除后加减的运算规则。你能把空白的方格填完整吗？

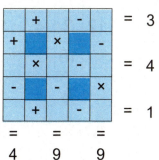

第149关 数字正方形

问号处应为什么数字？

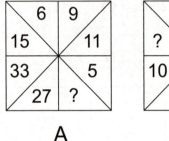

A   B

第150关 数字路口

问号处应为什么数字？

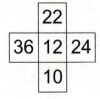

	7				31	
12	?	4		13	?	7
	15				25	

A   B

第**151**关 填充方格

将下面的数字及符号填入方格。

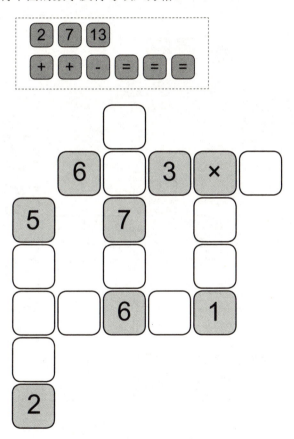

第**152**关 填充方格

将下面的数字及符号填入方格。

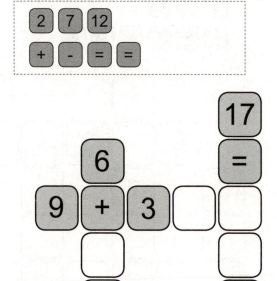

第 **153** 关 数字纵横

问号处应为什么数字？

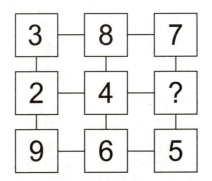

第 **154** 关 数字六边形

问号处应为什么数字？

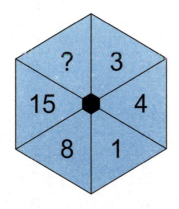

第155关 数字三角形

问号处应为什么数字？

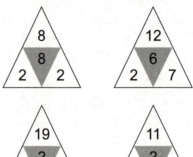

第156关 数字十字架

问号处应为什么数字？

	5			12	
4	2	9	3	4	17
	9			8	

	20			15	
14	?	17	8	?	21
	3			4	

A   B

第**157**关 数字方向盘

问号处应为什么数字？

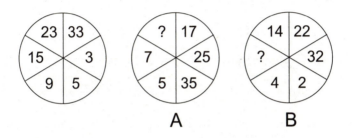

A   B

第**158**关 数字转盘

问号处应为什么数字？

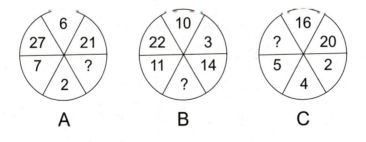

A   B   C

第 159 关 数字屋顶

你能求出屋顶上缺少的数字吗？门窗上的每个数字只准使用一次，并且位置不能调换。

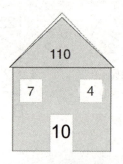
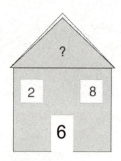

第 160 关 数字圆中方

问号处应为什么数字？

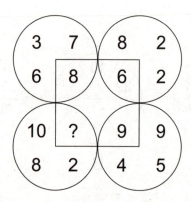

第161关 数字地砖

问号处应为什么数字？

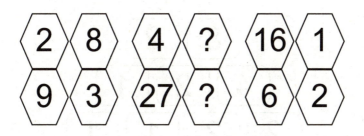

第162关 中心数字

下面每一组图形都有它自己的规律。先把规律找出来，再把空缺的数字填进去。

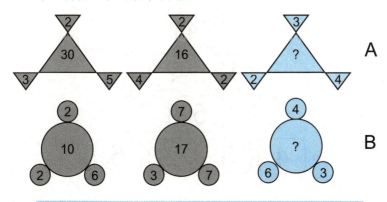

第163关 数字金字塔之巅

问号处应为什么数字？

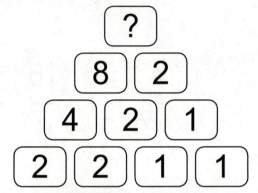

第164关 数字金字塔

问号处应为什么数字？

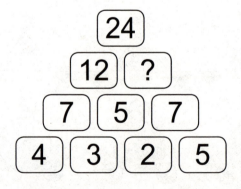

第165关 奇妙幻方

幻方是起源于我国的一种填数字游戏，而三阶幻方就是在3×3的方格内，填上1～9个数，使它的每行、每列和两条对角线上的三个数之和都相等。这可不是一件容易的事情，你能填出来吗？

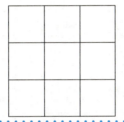

第166关 数字七角星

你能将数字1至14填到下图的七角星圆圈中，使得每条直线上数字之和为30吗？

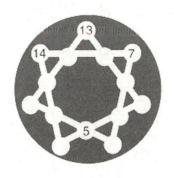

数学思维游戏 第**167**关 数字向心力

问号处应为什么数字?

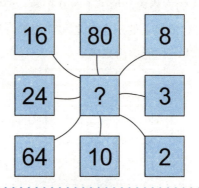

数学思维游戏 第**168**关 数码大厦

问号处应为什么数字?

4	8	2	6
9	6	5	3
6	2	4	2
10	15	5	5
3	3	6	?

第169关 88888888=1000 吗

这个式子是不可能成立的，但是只要你能在八个数字"8"中的合适位置加上"+"，等式就会成立。不妨开动脑筋试试看。

第170关 填空格

16个格子，一格算术符号一格数。请你填上 1 至 8 的数字，使得横竖等式都成立。

	−		=
÷			+
=			=
	×		=

第 **171** 关 古树多少岁

有一棵古柏树，在它的树枝上挂着一个牌子，牌子上写着这样一段话："要想知道我今年多少岁，100 比我小，1000 比我大，从左往右每位数字增加 2，而且这几个数字相加之和是 21。"

那么，你能知道它几岁吗？

第 **172** 关 猴子采桃

有一只猴子，采回来一堆桃子。第一天吃了一半多一个；第二天吃了剩下的一半多一个；第三天又吃了剩下的一半多一个；接下来的每一天都吃了剩下的一半多一个，到第 10 天的时候剩下一个桃子（第 10 天没有吃桃子）。

请问，这只猴子采回来多少个桃子？

第173关 赴宴

小王应邀去参加一场宴会。在宴会上，主人致辞后，赴宴的人们便开始相互握手。小王统计了一下，这次宴会上所有的人都相互握了手，总共握了45次。

根据小王提供的情况，你能推断出有多少人参加了这次宴会吗？

第174关 店主亏了多少钱

一人拿一张百元钞票到商店买了25元的东西，店主由于手头没有零钱，便拿这张百元钞票到隔壁小摊贩那里换了100元零钱，并找回那人75元钱。那人拿着25元的东西和75元零钱走了。过了一会儿，隔壁小摊贩找到店主，说刚才店主拿来换零的百元钞票为假币。店主仔细一看，果然是假币。店主只好又给了小摊贩一张真的百元钞票。

请问，在整个过程中，店主一共亏了多少钱（不考虑店主利润）？

第175关 多少钱

小明和小红结伴到书店买书，两个人都看好了一本书。小明想买一本，但带的钱不够，差一元钱。小红也想买一本，带的钱也不够，差36元。两个人打算合伙买一本，将钱凑到一起还是不够。

请问，小明和小红各带了多少钱？这本书的标价是多少？

第176关 苍蝇与运动员

自行车运动员A从甲地出发前往乙地，自行车运动员B则从乙地出发前往甲地，两人以每小时50千米的速度相向而行。

当他们还相距300千米的时候，有一只苍蝇在运动员A和运动员B之间不停地飞来飞去，直到他们相遇后才能安心地停在一个运动员的鼻子上。

苍蝇以每小时100千米的速度在两个运动员之间一直不停地飞了三个小时，在这段时间里，运动员的骑行速度一直不变。

请问，这只苍蝇一共飞了多少千米？

第177关 哪个数大

分数 4/9、17/35、3/7、101/203、151/301 中最大的一个是哪个？

第178关 别致的算式

已知 12345679×9=111111111；12345679×18=222222222；那么，你能否不用计算，就在下面的括号中填入合适的两位数，使等式成立？

12345679×（   ）=333333333

12345679×（   ）=444444444

12345679×（   ）=555555555

12345679×（   ）=666666666

12345679×（   ）=777777777

12345679×（   ）=888888888

12345679×（   ）=999999999

第 179 关 和为 1000

你能以最快的速度说出连续整数之和为 1000 的共有几组吗？

第 180 关 越快越好

求下列算式的和，要求越快越好。

$$\frac{9871+9872+9873+9874+9875+9876+9877+9878+9879}{9} = ?$$

第 **181** 关 切割数字蛋糕

问号处应为什么数字？

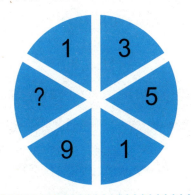

第 **182** 关 数码大厦之门

问号处应为什么数字？

425	155	456
801	360	873
1159	475	1254
482	?	505

第183关 数字螺旋

问号处应为什么数字?

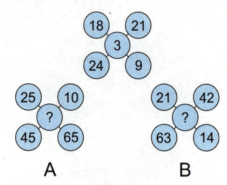

A   B

第184关 数字曲径

问号处应为什么数字?

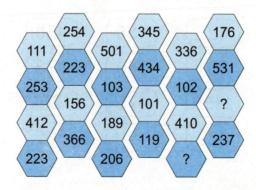

第185关 数字密码集

问号处应为什么数字？

A

7	6	3	4	8	1
9	2	5	4	8	?
2	4	4	4	2	4

B

5	3	2	6	5	3
5	2	3	4	0	7
2	4	?	2	4	2

C

6	3	9	8	8	7
9	3	?	7	2	8
4	10	5	4	6	4

D

1	7	2	8	9	3
7	5	4	8	3	5
6	4	8	3	?	6

数学思维游戏

第186关 数字八卦阵

这张图中的数字之间有一种神秘的内在规律，你能看出来吗？问号处该填什么数字呢？

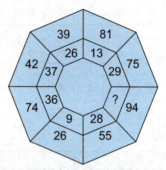

数学思维游戏

第187关 数字地基

你找出所给出数字之间的关系，将问号处的数字补充完整。

8	6	5	3	6
5	1	5	2	4
3	5	0	1	2
1	6	5	1	2
?	?	?	?	?

第188关 图形变换

格子 A 和 B 中图形所代表的值已经给出，格子 C 中的图形所代表的值是多少？

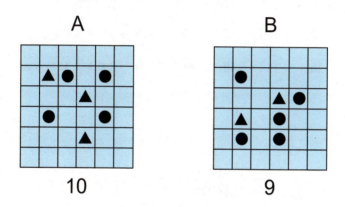

A

10

B

9

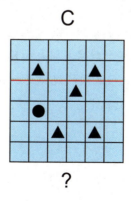

C

?

第 1 关 找出不同的数

1	3	5	⑥	9	（其他都是单数）
②	5	15	35	55	（其他都是 5 的倍数）
12	㉓	48	62	86	（其他都是双数）
20	㉟	40	60	80	（其他都是 10 的倍数）

第 2 关 空缺的数

21。

观察前五个数字可知，其变化规律是加 2、加 3、加 4、加 5，最后两个数字之间是加 8，由此可知空缺的数字与前后两个数字之间的规律是加 6 和加 7。因此，问号代表的数字为 21。

第3关 方框内填数

14	4	12	
	7	10	13
3	19	8	

第4关 分割圆

5。

每个圆中左右两个数字之和再加3等于下面的数字。

第 5 关 方格填数

第 6 关 符号代数

$$625 \div 25 = 25$$
$$- \quad\quad - \quad\quad +$$
$$225 \div 15 = 15$$
$$\shortparallel \quad\quad \shortparallel \quad\quad \shortparallel$$
$$400 \div 10 = 40$$

第7关 完成谜题

10。

每个方块下面数字积与上面数字积的差，用中心的罗马数字来表示。

比如：7×6-6×3=24。

第8关 数字格子

每个数字按顺时针旋转，该数字即为其要旋转的次数。

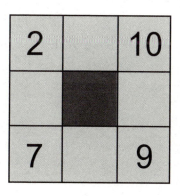

第 9 关 运动中的数字

每个数字按顺时针方向旋转，旋转的次数为该数字减去 1。

<table>
<tr><td></td><td>21</td><td></td></tr>
<tr><td>15</td><td></td><td>34</td></tr>
<tr><td></td><td>22</td><td></td></tr>
</table>

第 10 关 数字和字母的关系

K。

每行中间数字等于左侧字母的正序值加上右侧字母的倒序值。

比如：I 的正序值是 9，E 的倒序值是 22，9+22=31。

第11关 "数字·字母"转盘

B。

根据26个英文字母的位次顺序，图中每个字母的位次数是其对面扇形中数字的2/3。

比如：F的位次是6，即9×2/3=6。

第12关 "数字·字母"正方形

10。

根据字母在英文字母表中的位次数。从E开始，按顺时针方向，加1，加2，加3，加4，加5，然后再加1，依此类推。

第 13 关 填什么数字

27。

从左端下面 A 开始，图中字母按字母表顺序出现，但每次省略两个字母，图中数字代表省略的两个字母位置号之和。当到达字母表末尾时，再次从头开始。

即问号处是 26（Z）+1（A）=27。

第 14 关 填什么字母

GC—73。

中间框中的两位数中，十位上的数字表示前后两个框中的前一个字母在字母表正序和倒序的位置号，个位上的数字表示前后两框中后一个字母在字母表正序和倒序的位置号。

比如：H 的正序号是 8，S 的倒序号也是 8。

第 15 关 缺失的字母

S。

根据 26 个英文字母的位次数，用上面的字母值与右面的字母值之和，减去左面的字母值与下面的字母值之和，得数即为中间的数字或者中间字母的数值。

比如：5（E）+9（I）-3（C）-4（D）=7。

第 16 关 藏宝箱

D 是 49，E 是 44。

每个单词后面的数值都等于该单词第一个、中间和最后一个字母在字母表中序号之和，所以 S+K+S=19+11+19=49，Y+F+N=25+5+14=44。

第 17 关 排棋子

原来的棋子可以不动，将这五颗棋子重叠放置在原来的布局中就可以了。

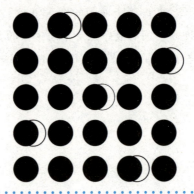

第 18 关 箭靶

两支箭射中了 25 环，两支箭射中了 20 环，两支箭射中了 3 环。

第19关 数字模式

7。

第三行的每个数都是前两行同列数的乘积，第四行的每个数都是同列第二行与第三行数字的和。

比如：（-3）×4=-12，21+（-3）=18。

第20关 丢失的数字

当数字水平地从左往右时，就翻了倍，当数字沿对角线从上往下时，就加2。

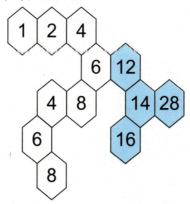

第21关 袋子里的棋子

不能做到。

15个袋子放入不同数量的棋子，每袋至少要放入和它本身编号相同数量的棋子，总共是：1+2+3+…+15=120。所以，100个棋子是不够装的。

第22关 填数游戏

A。

A=1，B=2，C=3，D=4，E=5，F=6。

第23关 数字卡片

55。

个位上出现四个数字的概率相等，因此，个位的平均值是（2+3+6+9）/4=5，十位上出现四个数字的概率也相等，十位平均值就是50。所以，平均值是55。

第24关 猜年龄

17岁、28岁、39岁、43岁。

假设A和B的年龄没有相加过,必有（A+C）+（B+D）=（A+D）+（B+C）。根据题意，45+82=56+71=127，则剩下的60为（C+D）。

那么，A+B=127–（C+D）=127 60=67。

由此可知，A和B一个奇数、一个偶数；C和D同为奇数或同为偶数。也就是说，A、B、C、D四个数中有三个数同为奇数或者同为偶数。

假设A、C、D同为奇数或偶数，那么A+C和A+D的值是偶数，即A+C=56，A+D=82或A+C=82，A+D=56，同时C+D=60，A+B=67。最后求得四人的年龄分别是17岁、28岁、39岁、43岁。

第 25 关 分笔

不合理。

　　点数和是 2、3、4、5 的次数和是 10 次。点数和是 6、7 的次数和是 11 次。点数和是其他数的次数和是 15 次。红色笔应该给掷骰子数和是 2、3、4、5 的人。

第 26 关 奇妙圆阵

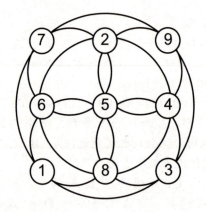

第 27 关 排数字

答案不唯一。

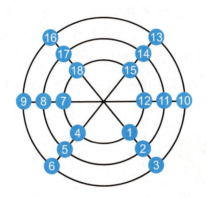

第 28 关 物品数量

至少八位女士。

不背黑色包的人数 =100-82=18（人）

不穿蓝色鞋的人数 =100-65=35（人）

不带伞的人数 =100-68=32（人）

不戴戒指的人数 =100-93=7（人）

所以，至少有 100-（18+35+32+7）=8（人）同时拥有这四样物品。

第 29 关 见面时间

7 月 19 日。

下一次去的天数应该是 4、5、7 的最小公倍数，即为 140，也就是 140 天后他们三人在培训班再次见面。3 月、5 月是 31 天，4 月、6 月是 30 天。31×2+30×2=122，140−122=18。3 月 1 日也不能算在内，所以是 7 月 19 日他们三人在培训班再次见面。

第 30 关 圆形下方的数

4。

观察后发现，规律是四周数字的总和乘以 2 等于中间数字。

比如：（12+4+5+6）×2=54。

第 31 关 怎么加都是 33

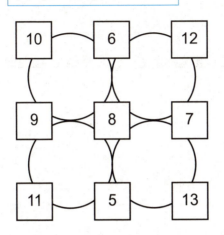

第 32 关 数学天才的难题

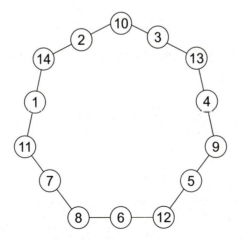

答
案

第 33 关 补充数字

12。

观察后发现规律是，图中左侧的 1+2+3 与 4+6+8+3
相差 15。

第 34 关 填入数字

3。

观察发现规律是，数字是几就代表它是由几个图形
重叠而成的。

第 35 关 问号处的数字

4。

每组六边形中，下面的数都等于上面数的平方分别减去 1、2、3、4、5。

比如：$4^2-1=15$，$9^2-2=79$。

第 36 关 巧妙填数

12	17	10	15				
	14	19					
13	18	11	16	9	20		
25	2	23	4	27	6	29	8
	26		21				
1	24	3	22	5	28	7	30

第 37 关 分开

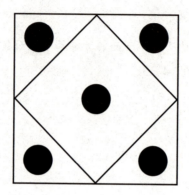

第 38 关 移动棋子

移动四颗。

第 39 关 图形上的数字

10 9 8 7 6

10 9 8 7 6

8 7 6 5 4

5 4 3 2 1

第一横排的数字都是按照从大到小的顺序依次排列的。

第 40 关 兔子和鸡

兔子有 3 只，鸡有 5 只。

可用抬脚的方式解。当让这八只动物抬起一只脚时，落在地上的有 22－8=14（只）脚。当让这八只动物再抬起一只脚时，落在地上的有 14－8=6（只）脚。每只兔子有四只脚，每只鸡有两只脚。抬过两次脚后，落在地上的脚都是兔子的，所以兔子数为 6÷2=3（只）。鸡的数量为 8－3=5（只）。

第 41 关 挂钟

第 42 关 数字游戏

第二个图答案不唯一。

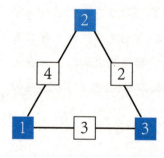

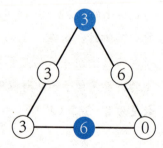

第 43 关 填数

6。

横向和纵向数字之和都是 15。

第 44 关 第四个正方形

42。

对角数字的乘积都是中间那个数字。

第 45 关 数字填空

30。

前两个数字相乘，再加上第三个数字，就等于第四个数字。

第 46 关 正确的数字

17920。

每个数字都等于它下面两个数字的积。

比如 5×2=10，8×28=224，80×224=17920。

第47关 问号代表的数

12。

五角星上面一个数字加下面两个数字等于中间两个数字之和。

第48关 填数字

56。

由前三组数可以得出规律：（上边的数字＋左边的数字）×右边的数字＝中间的数字。所以问号处应填的数字是：（3+11）×4=56。

第 49 关 巧填等式

5	+	7	=	12
−		−		+
1	+	3	=	4
=		=		=
4	×	4	=	16

第 50 关 填一填

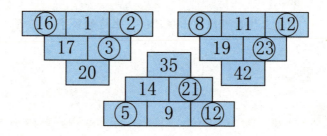

第51关 在三角形中填入数字

23。

5与3的差为2，8与5的差为3，12与8的差为4……因此，推断最后的数字是23，它与17的差是6。

第52关 表格的奥秘

A=17，B=18。

每一行每一列里的数字相加，总和都等于50。

第53关 补充数字

6。

最后一行数字分别是上两行数字之和的平均数。

第54关 计算数字

7。

这是一道找规律的数学题。通过观察本题可以看出，前三行都是一道算式，即第一个数字加上第二个数字然后乘以第三个数字，再减去第四个数字，得出第五个数字。于是有（2+2）×2-1=7，那么，问号处显然是7。

第 55 关 填入数字

48。

第一行前两个数字的积是第二行第二个数字，后两个数字的积是第二行第四个数字。同理，第三行前两个数字的积是第四行第二个数字，后两个数字的积是第四行第四个数字。由此得出问号处的数字等于 4×12，即 48。

第 56 关 填空

3。

从左上角依次进行运算。

第57关 巧填数字

16。

从题中看，其变化规律依次是：加2、减1，加4、减2，加8、减4，加16、减8。由此知道24后面的数字应该是16。

第58关 排列规律

A：500，1000。

变化规律是交替乘以5和乘以2。

B：203。

规律是各数字依次乘以3再减去1，或者也可以看作是+5，+15（5×3），+45（15×3），+135（45×3）。

第 59 关 巧填数字

10。

先求出每条斜线上的三个数字之和，上左下右之和减去上右下左之和结果是 2，由此得出问号处为 10。

第 60 关 补充完整

72。

图 1 中 18÷2=9，将 9 分解为 3×3，6 分解为 2×3，图 2 中 84÷7=12，12 分解为 3×4，8 分解为 2×4。由此，图 3 中 12 分解为 2×6。因此问号处的数字为 3×6×4=72。

第 61 关 在正方形角上填数字

9 或 8。

正方形每一条边上的大数减小数的差分别为 2、3、4、5。

第 62 关 填入图形

问号处应填●。

规律是，（左 × 右 - 上）× 圆圈深色部分对应的分数 = 下。

如，（4×9-8）×1/2=14

（3×8-4）×1/2=10

（8×5-16）×3/4=18

则，（9×3-11）× ？ =16

？ =1，即问号处填●。

第63关 填数字

5。

将已知的三个方框中的数字列算式：（5+7+6）÷2=9；（3+14+10）÷3=9；（9+11+16）÷4=9，由此算出，问号处为 5。

第64关 问号是几

能，问号处为 32。

仔细观察就会发现，对角的两个数字的个位和十位是相互颠倒的。

第 65 关 问号代表的数字

能，问号处为 39。

√ =6，★ =9，×=3，○ =24。

第 66 关 找规律填数字

能，问号处为 65。

先将每个方框上对角数字相乘，再将结果相加，就是前一个方框内的数字。

? =5×9+2×10=65

第 67 关 数字游戏

能。

3	4	2	1
1	2	4	3
4	3	1	2
2	1	3	4

第 68 关 考考你

4。

将第一条斜线上的三个数字每个都加 5，得到的结果为与它平行的第二条斜线上对应的数字，再将第二条斜线上的数字每个都减 4，即得出与前两条斜线平行的第三条斜线上的数字。

答案

第 69 关 找数字

能，这个数字是 91。

除 91 外，其他数字只能被 1 和它本身整除。

第 70 关 恰当的数

C。

按顺时针方向看，数字等于前一个图形的边数。

第 71 关 加数学符号

加上一个小数点就可以了。

答
案

第 72 关 问号处填数字

96。

处于同一条斜线上的数字，每个较小的数字和相邻的较大数字之间形成或乘以 2、或乘以 4、或乘以 8 的运算关系，由此算出问号代表的数字可能为 6144、3072、1536、384、192 或 96，其中两位数只有 96，所以答案是 96。

第 73 关 推算

11。

左边图形左半圆三个数字相加得到 13，右半圆三个数字相加等到 16。右边图形右半圆 3 个数字相加得到 10，由此可知，问号处的数字为右边图形左半圆三个数字之和，即 11。

答案

第74关 错误变正确

把等号上的"-"移动到前面的减号上即可使等式成立，即 62=63-1。

第75关 放大镜

都是30°。

无论放大还是缩小，角度不变。

第 76 关 问号处的数字

1。

这道题每组有四个数字，且第一个数字被第二个和第三个数字连除之后得到第四个数字，即 12÷2÷2=3，14÷2÷7=1，18÷3÷2=3，由此可知，问号处应为 1。

第 77 关 划分数字

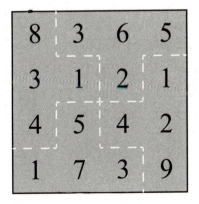

第 78 关 填入数字

1 和 9。

B+D=E，E 列问号处为 9。

E-A=C，C 列问号处为 1。

第 79 关 镜子里的数字

第 80 关 巧填数字

7。

每行中间的数字等于左边两数字之差加上右边两数字之差。

即，（5-1）+（4-1）=7。

第 81 关 怎样倒水

先倒 300 毫升，然后倒掉，再把 300 毫升杯子装满，将这 300 毫升水倒进 500 毫升杯子里，然后再把 300 毫升杯子倒满，再用这杯水倒满 500 毫升杯子，此时 300 毫升杯子里就剩下 100 毫升水了。

把 500 毫升杯子里的水倒掉，将水壶中剩下的 100 毫升水倒进 500 毫升杯子里，这样两个杯子最后就都剩 100 毫升水。

答案

越玩越聪明的 *188* 个数学思维游戏

答
案

第 82 关 倒霉的兔子

倒霉的兔子是 8 号。

第 83 关 一样的年份

1961 年。

第 84 关 未知的数字

能。A 是 2 或 0；B 是 1；C 是 0。

第85关 赛马

这样的结果是可能出现的。

第一次：甲、乙、丙、丁。

第二次：乙、丙、丁、甲。

第三次：丙、丁、甲、乙。

第四次：丁、甲、乙、丙。

第86关 锯木头

锯五次。

因为 90 除以 15 等于 6，这根 90 厘米长的木头，可以分成 6 段 15 厘米长的短木头，所以锯五次即可。

第 87 关 池塘里的睡莲

14 天。

睡莲的面积每天增加一倍，那么前一天的面积是今天的 1/2，而它第 15 天可以长满整个池塘水面，因此第 14 天长满半个池塘。

答案

第 88 关 小男孩几岁了

7 岁。

小男孩年龄的末尾添上一个 0 就是爷爷的年龄，说明爷爷的年龄是小男孩年龄的 10 倍。若把小男孩的年龄看成 1 份，爷爷的年龄就是这样的 10 份，小男孩的年龄和爷爷的年龄一共 11 份，也就是 77 岁，所以，小男孩的年龄是 77÷（1+10）=7（岁）

第89关 巧算数字牌

甲取1和9，乙取4和5，丙取3和8，丁取2和6。剩下的牌是7。

丁取的两张牌之商是3，则这两张可能是9、3或3、1或6、2。丙取的两张牌之积是24，则这两张可能是3、8或者4、6。甲取的两张牌之和是10，则这两张可能是1、9或2、8或3、7或4、6。

（1）当丁的两张可能是9、3时，丙不可能是3、8，只能是4、6，则甲只能是2、8，剩余是1、5、7，不存在差是1的数。不成立。

（2）当丁取3、1时，丙取4、6，则甲只能是2、8，则乙无法取到。

（3）当丁取6、2时，丙取3、8，甲拿的两张牌是1、9，乙为4、5，剩下的那张牌是7。

因此，甲拿的两张牌是1、9，乙为4、5，丙为3、8，丁为2、6，剩下的那张牌是7。

答案

第 90 关 斐波纳奇数列

接下去的数是 21。
后面一个数字是前面两个数字之和。

第 91 关 美丽的郁金香和兰花

只种了一朵兰花。

第 92 关 套圈

只有套 6、19、25 这三个数。

第93关 分果汁

把七杯满杯的果汁分别倒一半到七个空杯子中，共 21 杯半杯的果汁，然后把果汁平均分给三个人。

第94关 比赛的人数

两个人。

参加语文竞赛的有 6 人，参加数学竞赛的有 5 人，那么参加竞赛的人数应该是 11 人，实际上是 9 人参加，说明有 2 人参加了语文和数学两项竞赛。

第 95 关 判断号码

最后一盒子的号码是 No.13。

每个盒子的载重数减去其号码都等于 11。

答

案

第 96 关 谁在挨饿

不对。如果动物园里的两只熊都是幼熊，它们每只每顿吃 10 斤肉就够了。

第 97 关 钟表报时

时针和分针在一条线上时是 6 点或 18 点，两针并在一起时是 12 点或 24 点，两针成直角时是 3 点、9 点、15 点或者 21 点。

第 98 关 输了几场

20 场。

没有平局，问总只会输多少场，其实就是问要进行多少场比赛。

五个队伍，进行循环赛两次，即进行了 20 场比赛。

第 99 关 羊有几只

小明有七只羊，小天有五只羊。

通过小天的话可知，他们两人的羊的数量相差两只。

第 100 关 奇特的生日

小明的爸爸是闰年 2 月 29 日出生的，四年才过一次生日。

小明的爸爸 36 岁了。

第 101 关 巧推数字

31131211131221。

每一行数字就是对上一行数字的描述，所以最后一行的数字应该是 31131211131221。

比如第二行描述第一行是"一个一"即 11，第三行描述第二行是"两个一"即 21；第七行描述第六行是"一个三，一个一，两个二，两个一"即 13112221。

答案

第 102 关 汽车

汽车走了 110 千米。另一个路标上的数字是 16061。

已知汽车时速小于等于 100 千米 / 小时，所以两小时汽车行驶的距离小于等于 100×2=200（千米）。那么，路标的数字小于等于 15951+200=16151。在 15951~16151 符合题意的数字只有 16061。

汽车行驶的距离为 16061-15951=110（千米）。

第103关 令人迷惑的生卒年

该作家生于1814年，死于1841年。

19世纪，即年份是18开头。另外两个数字和为14-1-8=5。这两个数字的组成可能为0和5，1和4，2和3。这其中只有1和4可以让十位数是个位数的四倍。所以作家生于1814年，死于1841年。

第104关 分酒

将5斤瓶装满后倒至3斤瓶内，再将3斤瓶内的酒倒至8斤瓶里，将5斤瓶剩下2斤倒至3斤瓶。然后5斤瓶再装满酒，之后往3斤瓶内倒，倒满，此时5斤瓶内正好剩4斤酒。把3斤瓶里的3斤酒倒回8斤瓶，此时8斤瓶里也是4斤酒，平分成功。

第 105 关 存款

丙猜对了，老杨的存款不到 100 元。

观察四个答案，丙和丁说的话矛盾，所以两人的话一真一假。

假如丙的话为真，甲、乙、丁的话均为假话。

假如丁的话为真，甲的话可能为真，与题目矛盾。

所以，丙的话为真。

第 106 关 平切表盘

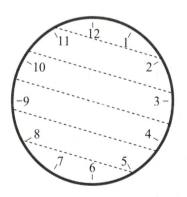

第 **107** 关 保险箱

★ =5， ● =6， ○ =7， ■ =3， ◎ =8。

🐱 ○●■★★　　76355

🐶 ◎○★◎●　　87657

🐤 ○★■★●　　87586

🐰 ◎○●★○　　75356

第 **108** 关 算术趣题

答案不唯一。

（1+2）－（3+4-5）=1
（1+2+3+4）÷5=2
（1+2+3×4）÷ 5=3
1×2+3+4-5=4
1+2+3+4-5=5
1×2+3-4+5=6
1×2×3-4+5=7
1+2×3-4+5=8
1+2-3+4+5=9
1+2+3×4-5=10

第109 两位画家

1 ：1 的比例分发酬劳，因为他们都画了五幅画。

第110关 等式

★ =12　　● =4　　◆ =6

第111关 图形下方的数

14。

规律是：四周的数字总和乘以 2 等于中间的数字。

第 112 关 安徒生童话

第 96 页和第 97 页。

两页页码是连续的两个数字。

193÷2=96.5，即一页页码为 96，一页页码为 97。

第 113 关 3 和 100

（1）33×3+33÷33=100

（2）33+33+33+3÷3=100

（3）33×3+333÷333=100

第114关 古怪的等式

观察分析总结规律，得出以下结果。

（1234）×8+（4）=9876

（12345）×8+（5）=98765

（123456）×8+（6）=987654

（1234567）×8+（7）=9876543

（12345678）×8+（8）=98765432

（123456789）×8+（9）=987654321

第115关 喂母鸡

需要喂大约 1.97 千克米。

因为 37 千克的米可供 37 只母鸡吃 37 天，所以 37
只母鸡养一天需要喂 1 千克米。而 73 只母鸡 73 天生 73
千克鸡蛋，所以要得到 1 千克鸡蛋需将 73 只鸡养 1 天，
需要喂（1÷37）×73≈1.97（千克）的米。

第 116 关 四个 4 等于多少

答案不唯一。

（4×4+4）÷4=5

（4+4÷4）×4=20

4×4+4+4=24

（4+4）×4-4=28

（4×4-4）×4=48

4×4×4+4=68

第 117 关 买狗

两个人，狗的价钱是 100 元。

有两个人合买时，狗的价钱是 100 元；各出 5 元时，刚好差 90 元。

第118关 乌龟的年龄

50岁。

设今年乌龟的年龄为 x，则五年后的年龄为 x+5，由题意列方程：$5×（x+5）-5×（x-5）=x$，从而得到 x=50。

第119关 跳远比赛

小老虎先回到出发点。

小老虎跳完 100 米刚好跳了 50 次，全程往返共跳 100 次。小狮子跳 33 次，共跳 99 米，最后 1 米又要跳 1 次，往返总共跳了 68 次。小狮子跳了 68 次，相当于小老虎跳了 102 次。因此，当小狮子跳第 67 次时，小老虎已先回到了出发点。

第 120 关 数学方法

能，答案不唯一。

例如：$9 \times 9 + 9 \div 9 + 9 + 9 = 100$。

第 121 关 奇特竖式

应填入 8。

五个相同的数加起来个位上得 0 的话，肯定是偶数，所以能填进圆里的只有 2、4、6、8，然后再从这几个里面找出适合条件的就可以了。

第122关 算一算

答案不唯一。

3+2=5

6+4=10

1+7=8

第123关 慢车走了多少千米

132千米。

相遇问题最好画出线段图帮助分析。从9点到12点，快、慢两车同时行驶了3小时，共同走了三个全程：100×3=300（千米）。又因为快车比慢车多走36千米，所以慢车走过的路程为：（100×3-36）÷2=132（千米）。

第 124 关　图形代表的数字

$\text{☀}=21$　☆$=14$　☽$=19$

第 125 关　填等式

$21÷3=49÷7=56÷8$。

第 126 关　菱形中的计算

$（6+7+11）÷3×2+5-12=9$

第 127 关 巧分苹果

60、16、6、6、6、6。

六个袋子装 100 个苹果，那么个位数是 6 的数字是五个，即六个数字中有五个个位数是 6，一个个位数是 0。

个位数是 0 的数字为 60。那么，其余五个数的和为 100-60=40。五个数的个位数都为 6，即 5×6=30，40-30=10。有一个数字为 16，其他四个数字都是 6。

第 128 关 分苹果

84 个。

假设大班有小朋友 x 人，根据题意可得方程：

$$5x-6=4（x+2）+4$$

由此算出大班有小朋友 18 人。则，这筐苹果的个数是：$5×18-6=84$（个）。

第 129 关 凑整数

正确选项为 D。

通过观察可以看出第一项和第三项个位数相加为 10，第二项和第四项个位数相加为 10，因此排除 B、C 选项；已知条件中 482 大于 400，排除 A 项。所以选 D。

第 130 关 A 是多少

A=5。

观察第一个算式，计算后即为 A=A。

观察第二个算式，A×A+A=A×6，

即 A×（A+1）=A×6，即 A+1=6，A=5。

观察第三个算式，（A+A）×A=10×A，

即 A+A=10，即 A=5。

第 131 关 快速求和

D。

只算小数点后第二位数即可。

答

案

第 132 关 截木棍

最少要截成五段。

每段的长度分别是 1 厘米、2 厘米、4 厘米、8 厘米和 16 厘米。

第 133 关 猴子搬香蕉

25 根。

先背 50 根到 25 米处，放下，这时吃了 25 根，还有 25 根。

再背剩下的 50 根，走到 25 米处时，又吃了 25 根，还有 25 根。再拿起地上的 25 根，一共是 50 根，继续往家走，再走 25 米，要吃 25 根，到家时还剩 25 根。

答案

第 134 关 买鸡卖鸡

赚了 2 元。

第一次 9 元钱卖掉时赚了 1 元，第二次 11 元卖掉时又赚了 1 元，总共赚了 2 元。

第 135 关 吹灭的蜡烛

21 岁。

将从 1 开始以后的连续自然数相加，总和等于 231 的时候，最后一个数字是 21，因此就是 21 岁。

第 136 关 三只家禽

一只鸭 4 千克。

一只鸡 + 一只鸭 =7（千克），一只鸡 + 一只鸭 + 一只鹅 =12（千克），则一只鹅 =5（千克）。

一只鹅 + 一只鸭 =9（千克），则一只鸭是 9-5=4（千克）。

答
案

第 137 关 生日是几号

1 月 2 日；答案只有一个。

每两个相邻的星期四之间相差七天。一个月有四个或者五个星期四。假设琳达生日 n 号，那么，根据条件列示：n+（n+7）+（n+14）+（n+21）=80 或

　　n+（n+7）+（n+14）+（n+21）+（n+28）=80。

解后得 n=2，这个月有五个星期四。

第 138 关 发财

在 A 国用 A 国货币换 B 国货币，再把 B 国货币带到 B 国换成 A 国货币，就是以"保值"的兑换"贬值"的，再把"贬值"的变成"保值"的，周而复始。

第139关 火车的速度

火车的速度是每小时30千米。

不必考虑迈克来回的速度和走多远，就看成他待在最后一节车厢里，10分钟内，火车行驶了5千米即可得出结论。

第140关 年龄

三个女儿的年龄分别为两岁、两岁、九岁。

假设三个女儿的年龄为A、B、C，则，

A+B+C=13

A×B×C=36

推得A、B、C为1、6、6或2、2、9。因为只有一个女儿已经上学，所以应该是2、2、9。

第 141 关 怎样排队

我们可以排成不规则的形状，也就是说，要想使 10 个人排成 5 排，每排 4 个人，必须 1 个人当 2 个人用。

因此，要排成的形状必须内有交点，而且交点必是 5 个。这样我们就可以很容易想到，符合这样要求的图形是五角星的形状。站成五角星的形状，5 个顶点和 5 个交叉点各站一个，这样就符合老师的要求了。

答案

第 142 关 填数游戏

4	×	2	=	8
+		+		÷
5	-	3	=	2
=		=		=
9	-	5	=	4

第 143 关　魔术方阵

$8\frac{1}{3}$	$3\frac{1}{3}$	$4\frac{1}{3}$
$1\frac{1}{3}$	$5\frac{1}{3}$	$9\frac{1}{3}$
$6\frac{1}{3}$	$7\frac{1}{3}$	$2\frac{1}{3}$

答案

第 144 关　移动的数字

规律是每个数字顺时针移动次数为本身数字+1次。

如数字"1"，顺时针移动（1+1）次。

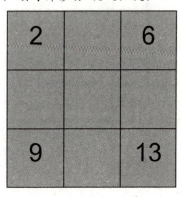

第145关 方格填数

2	3	4
4	2	3
3	4	2

第146关 数字骨牌

4	6	1	9	2
6	5	3	1	4
1	3	9	5	1
9	1	5	7	8
2	4	1	8	7

第147关 数字星

7。

每个图形中，第一行差值均为8，第二行商值均为4。

第148关 填充方格

6	+	2	-	5	=	3
+		×		-		
1	×	8	-	4	=	4
-		-		×		
3	+	7	-	9	=	1
=		=		=		
4		9		9		

第 149 关 数字正方形

A=2 或 18，B=3 或 12。

A 中对角数字之商为 3，B 中对角数字之商为 2。

第 150 关 数字路口

A=8，B=6。

中间数字是其上、下（或左、右）数字之差。

第 151 关 填充方格

```
        13
   6  =  3  ×  2
   5     7
   =     +
   7  =  6  +  1
   -
   2
```

第 152 关 填充方格

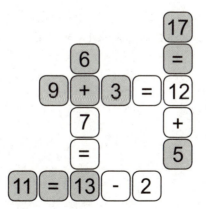

第153关 数字纵横

2。

每一列第一个数字与第三个数字的和的个位数字，等于第二个数字：3+9=12，个位为2；8+6=14，个位为4；7+5=12，个位为2。

第154关 数字六边形

0。

垂线右侧的数的平方减1，是对应的左侧对角处数字。

第 155 关 数字三角形

A=8，B=4。

图例显示的规律为：(8-2-2)×2=8；(12-2-7)×2=6。

答
案

第 156 关 数字十字架

A=17，B=11。

左、右、上三个数字之和÷下面数字＝中间的数字。

第 157 关 数字方向盘

A=11，B=8。

从最小的一个数开始，按顺时针方向，依次递增2、4、6、8、10。

第 158 关 数字转盘

A=9，B=2，C=8。

图形 A 中对角的数字相除等于 3，图形 B 中对角的数字相减等于 8，图形 C 中对角的数字相除等于 4。

第 159 关 数字屋顶

60。

屋顶上的数字＝窗户上的数字之和×门上的数字。

第 160 关 数字圆中方

10。

每个圆内的三个数字（方框外）之和，为同圆内方框内数字的两倍。

第161关 数字地砖

4 和 9。

每组上面两个数相乘均等于 16，下面两个数相除均等于 3。

第162关 中心数字

A=24，B=13。

在 A 组图形中，外边三角形中的三个数相乘，就得到中间三角形中的数字。在 B 组图形中，小圆圈中的三个数相加，就得到大圆圈的数。

第 163 关 数字金字塔之巅

16。

从最下面一行看起，底下的两个数的积为上面的数，以此类推。

以最下面一行为例：2×2=4；2×1=2；1×1=1。

第 164 关 数字金字塔

12。

从最下面一行看起，底下的两个数的和为上面的数，以此类推。

以最下面一行数字为例：4+3=7；3+2=5；2+5=7。

第 165 关 奇妙幻方

答案不唯一。

6	1	8
7	5	3
2	9	4

第 166 关 数字七角星

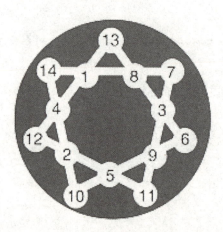

第 167 关　数字向心力

8。

对角线两侧的数相除，得中间数。

第 168 关　数码大厦

1。

前两个数之和 ÷ 第三个数 = 第四个数。

第 169 关　88888888=1000 吗

8+8+8+88+888=1000

第170关 填空格

8	-	7	=	1
÷				+
4				5
=				=
2	×	3	=	6

第171关 古树多少岁

579 岁。

古柏树说自己的年龄比 100 大，比 1000 小，那么可以判断它的年龄一定是一个三位数。又知个、十、百三位的数字之和是 21，而且个位上的数字比十位上的数字多 2，而十位上的数字要比百位上的数字多 2，则个位上的数字就比百位上的数字多 4，因此百位上的数字是 [21-(2+4)] ÷3=5。由此可以得出百位数上的数字为 5，那么十位上的数字就是 5+2=7，个位上的数字就是 7+2=9。由此可以得出，古柏树的年龄为 579 岁。

第 172 关 猴子采桃

1534 个。

第十天有桃子的个数：1

第九天有桃子的个数：(1+1)×2=4

第八天有桃子的个数：(4+1)×2=10

第七天有桃子的个数：(10+1)×2=22

第六天有桃子的个数：(22+1)×2=46

第五天有桃子的个数：(46+1)×2=94

第四天有桃子的个数：(94+1)×2=190

第三天有桃子的个数：(190+1)×2=382

第二天有桃子的个数：(382+1)×2=766

第一天有桃子的个数：(766+1)×2=1534

即猴子采回来 1534 个桃子。

第 173 关 赴宴

10 人。

这个问题可以通过列方程式来得到答案。

假设一共有 n 个人赴宴，那么每个人都要与除了自己之外的人握手。又因为甲乙相互握手的次数是两次，所以总的握手次数是 n（n-1）/2。这样一来就能得到一个一元二次方程：n（n-1）/2=45，解开这个方程，我们能得出答案为 10。所以，参加宴会的人数为 10 人。

第174关 店主亏了多少钱

店主共亏了100元。

他除了收到一张百元假钞外，没有什么别的损失。

如果那张百元钞票是真币，那他并没有赚和亏，如果百元钞票是假钞，就只损失了100元。

第175关 多少钱

小明带了35元，小红没有带钱。书的标价是36元。

假设小明有x元，小红有y元，书的标价为z元（x、y、z均不为负数），那么根据题目条件可以列出如下方程：

$$x+1=z$$

$$y+36=z$$

$$x+y<z$$

解得，x=35，y=0，z=36。

第 176 关 苍蝇与运动员

300 千米。

因为苍蝇每小时飞行速度为 100 千米，它连续飞行了三个小时没有休息，那么一共飞行了 300 千米。

第 177 关 哪个数大

151/301。

如果把各式通分比较分母或分子，算起来就很麻烦。如果把各分数化为小数，算起来也不简单。这就需要你找捷径。通过观察可知道 3/7、17/35、101/203 都小于 1/2，只有 151/301 大于 1/2。

第 178 关 别致的算式

12345679×（27）=333333333

12345679×（36）=444444444

12345679×（45）=555555555

12345679×（54）=666666666

12345679×（63）=777777777

12345679×（72）=888888888

12345679×（81）=999999999

由于已经知道了 12345679×9=111111111；

12345679×18=222222222 那么要想知道

12345679×（   ）=333333333

12345679×（   ）=444444444

……

很显然就可以知道：

111111111×3=333333333

111111111×4=444444444

111111111×5=555555555

……

所以就知道：

12345679×9×3=333333333

12345679×9×4=444444444

12345679×9×5=555555555

……

所以，正确答案就是 9×3；9×4；9×5；9×6；

9×7；9×8；9×9，即为 27；36；45；54；63；72；81。

第179关 和为1000

四组。分别 1000；198、199、200、201、202；55、56、57……68、69、70；28、29、300……50、51、52。

连续数的平均值设为 x，1000 必须是 x 的整数倍。

假如连续数的个数为偶数时，那么 x 就不是整数了。x 的 2 倍只能是 5、25、125 才行。因为平均值为 12.5，要连续 80 个达不到。125/2=62.5 是可以的。

连续数的个数为奇数时，平均值为整数。1000 为平均值的奇数倍。$1000=2\times2\times2\times5\times5\times5$，x 可以为 2、4、8、40、200。排除后剩下 40 和 200 是可以的。所以答案为平均值为 62.5、40、200、1000 的四组整数。

第180关 越快越好

9875。

通过观察，可以很容易地知道：

（9871+9879）÷2、（9872+9878）÷2、（9873+9877）÷2、（9874+9876）÷2，都是均等的数字：9875。

$$原式=\frac{（9871+9879）\times4+9875}{9}$$

$$=\frac{9875\times2\times4+9875}{9}$$

$$=\frac{9875\times4}{9}=9875$$

答
案

第 181 关 切割数字蛋糕

25。

较小的数的平方，为对角线另一侧的数。

• •

第 182 关 数码大厦之门

115。

横行第三个数减第一个数的差的 5 倍，是第二个数字。

第 183 关 数字螺旋

A=5，B=7。

中间的数为周围四个数的最小公倍数。

第 184 关 数字曲径

151，55。

纵向相加结果为 999。

第185关 数字密码集

A=7，B=4，C=3，D=4。

每组中每一列的第一个数与第二个数相加再与第三个数相乘结果完全一样。

第186关 数字八卦阵

9。

把外环中的每个数字都看成一个两位数，并把个位数与十位数相乘，再把所得结果加上1，就是对面的内环位置上。

第 187 关 数字地基

18500。

第一行数字－第二行数字＝第三行数字；第二行数字－第三行数字＝第四行数字；第三行数字－第四行数字＝第五行数字。

35012-16512 ＝ 18500。

第 188 关 图形变换

11。

每个格子中各图形全部加起来，即可得到图下所表示的数字。

3 ▲ +4 ● =10

2 ▲ +5 ● =9

解得▲ =2， ● =1。

则 5 ▲ + ● =11。